Michelle, Michelle,

I know you wanted this book
so I got it for you
so you can take a look
and see "La Vie en Rose" for a few.
When I was looking for it
those people were calling it naive
so I said to myself "bullshit"
went to grab it and made it worth it.
One of them sarcastically said "it's free"
and I replied "c'est ça la vie en rose"
but they probably could not see
how they made my day "en rose".

       I could not find it and their
       semi-shit talking led me to it.
              This for you my love,
              with much love,

:)

LA VIE EN ROSE

MODE D'EMPLOI

DOMINIQUE GLOCHEUX

LA VIE EN ROSE
MODE D'EMPLOI

ALBIN MICHEL

A Aude Berlin, petit amour qui fait déjà partie de la "Génération Papillon", à mes parents, parce qu'ils ont tout compris avant moi.

Merci à Françoise & Alexandra pour l'amitié sans défaut.

Thanks to Fionna, Island, Jennifer, Laura, Liam, Margaux, M.B., Nikita & Tïuraï, for all the love and care you give me.

Merci à Calypso, Elise, Gaby, Gaëlle, Jocelyne, Marine, Mylène & Zine, mes muses XXL, à Muriel & Alain Bosetti, à Laurence, Laurent & Fanny, à Christian Imniac, à Michaël Williams, à Thierry, à Claude & Morgane.

"Tout ce qui n'est pas donné est perdu" proverbe indien
"Le bonheur va vers ceux qui savent rire" proverbe japonais
"Je me contenterai du meilleur" Oscar Wilde
"Je me contenterai du bonheur"
"Je vous aime ..."

1. Soyez simple.

2. Efforcez-vous 24 heures de ne critiquer rien ni personne.

3. Apprenez à faire les pâtes comme un dieu.

4. Croyez au coup de foudre.

5. Si vous n'en avez jamais mangé, goûtez-en un peu.

6. Apprenez à dire NON plus souvent.

7. Affranchissez vos lettres avec des timbres de collection.

8. Ayez le plus douillet et confortable intérieur possible.

9. Prenez un bébé dans vos bras. C'est si bon.

10. Souriez à tous les visages qui croisent votre regard.

11. Ayez un animal de compagnie. Doux, affectueux. Craquez.

12. Retournez sur les lieux, les traces, de votre enfance.

13. Dites plus souvent "Je T'aime" et "Tu m'as manqué".

14. Donnez votre sang.

15. Visitez Venise en amoureux. Prix "charter", les week-ends.

16. Étirez-vous comme un petit chat devant la cheminée.

17. Prenez un risque par jour. Même tout petit au début.

18. Apprenez à goûter le silence.

19. Suivez votre première intuition. C'est souvent la bonne.

20. Rejoignez une chorale. Y chanter est jouissif.

21. Relisez *Le Petit Prince* de Saint-Exupéry.

22. Ne gagnez pas du temps. Utilisez-le à fond.

23. Apprenez à repasser une chemise.

24. Laissez-vous guider par l'étoile au fond de votre cœur.

25. Parmi vos amis, faites se rencontrer ceux
qui ne se connaissent pas encore. Chez vous.

26. Emmenez votre amour contempler le cosmos qui disparait, juste une heure avant l'aube. Magique.

27. Au volant, laissez les piétons traverser tranquillement.

28. Faites ce que vous aimez le plus. Faites-le souvent. Et trouvez vite des moyens de vous faire payer pour le faire.

29. Achetez des Malabars. Faites de belles bulles.

30. Quand on ne sait où l'on va, on risque d'arriver n'importe où. Ou pire : nulle part. Choisissez VOTRE direction.

31. Inventez une panne d'électricité dans toute la maison. Histoire de voir tout ce que votre amour et vous trouverez à faire, seuls, dans le noir complet.

32. Offrez beaucoup de cadeaux. Même tout petits.

33. Achetez au moins 30 cadeaux d'avance pour petits et grands : à la moindre occasion, raflez tout ce qui vous plaît. Stockez dans une valise ou un meuble fermant à clé.

34. Enregistrez les battements du cœur de bébé dans le ventre de sa maman.

35. Si un enfant perd une dent de lait, faites passer
la petite souris. C'est trop bon de trouver
une pièce sous l'oreiller.

36. Soyez au lit à 21 heures, une fois par semaine.
Si c'est le jeudi, ça permet de passer
une fin de semaine sublime.

37. Ayez chez vous un bon guide pratique du savoir-vivre.
Affûtez vos connaissances des règles et des usages.

38. Prenez un week-end au ski ou à la mer : au retour,
vous aurez l'impression d'être parti presque une semaine.

39 Trouvez 3 idées pour rendre votre vie plus SIMPLE. Plus facile. Moins complexe.

40. Achetez des dessous sexy à votre amour.

41. Parmi toutes vos activités, développez en priorité celles qui sont utiles aux autres.

42. Marchez tous les jours un kilomètre ou dépensez-vous : l'exercice chasse à merveille le stress et les idées noires.

43. Gardez toujours une bouteille de champagne au frais.

44. En public entouré de monde, chuchotez à l'oreille de votre amour que vous êtes heureux. Et que c'est grâce à lui.

45. Durant les prochaines 24 heures, avec CHAQUE personne qui croise votre regard, engagez un bout de conversation.

46. Méditez : "Se séparer, c'est dire bonjour à autre chose". Une fin cache déjà un commencement qui se prépare.

47. Ayez un passe-temps favori.

48. Ralentissez votre rythme.

49. Entourez-vous de gens qui voient le meilleur qui est en vous. Et vous encouragent.

50. Si vous avez un problème affectif, occupez-vous d'enfants.
Vous serez bien obligé de ne penser qu'à eux. Rien d'autre.
Et de faire comme si tout allait bien. Magique.

51. Osez dire : "Faites voir, une seconde, vous avez un cil qui
va vous entrer dans l'œil, approchez-vous".
Et soufflez doucement. Surtout s'il n'y avait rien à souffler.

52. En tête-à-tête, cachez un petit mot tendre
sous l'assiette de votre amour.

53. Notez sur un cahier, plein de souvenirs depuis que vous
connaissez votre amour. À la dernière page, offrez-le lui.

54. Louez une petite moto pour un week-end.

55. Efforcez-vous 24 heures d'être 10 fois plus poli et courtois que d'habitude. Observez le changement autour de vous.

56. Avant de rentrer chez vous, passez en revue votre journée. Puis décidez de ne plus y penser jusqu'à demain. À force, vos soucis professionnels s'éloigneront de votre vie privée.

57. Sous vos habits les plus stricts, soyez sexy.

58. Apprenez à reconnaître les principales étoiles dans le ciel.

59. Une fois dans votre vie, conduisez un tracteur agricole.

60. Quand vous discutez avec vos proches, laissez-les gagner. Choisissez d'être heureux, plutôt que d'avoir raison.

61. Invitez chez vous vos meilleurs amis. Même si vous avez une bonne excuse pour reporter cette invitation.

62. Dès que vous avez de la place, installez une balançoire

63. Appelez les gens par leur nom -ou prénom- : quoi qu'ils pensent, c'est pour eux une des plus agréables musiques.

64. Quand vous parlez, parlez plus fort.

65. Quand vous marchez, marchez plus vite.

66. Quand vous chantez, chantez plus haut et plus fort.

67. Sachez reconnaître un peuplier, un bouleau,
un frêne, un chêne, un noisetier.

68. Donnez un air de fête à vos 5 prochaines minutes.
Prenez ce qui vous tombe sous la main et
la première idée qui vous vient à l'esprit.

69. Rappelez-vous que 20% de l'effort,
produit en moyenne 80% de l'effet.
Au-delà, c'est de plus en plus vite du gaspillage.
Et pourtant, vous ne verrez jamais la différence.
Faites de votre mieux, mais arrêtez-vous
dès que vous avez obtenu 80% de l'effet désiré ...

70. ... et méfiez-vous du perfectionnisme : les derniers
20% d'effet, réclament 80% de l'effort TOTAL. Ne perdez
pas 80% de votre temps à peaufiner 20% de votre travail :
dosez bien. La perfection s'épelle "P.A.R.A.L.Y.S.I.E.".

• 71. Trouvez un P.-S. très gentil pour terminer chacune de
vos lettres personnelles. C'est émouvant à lire.

⭐ 72✓ Donnez à vous-même, avant de donner aux autres. Vous aurez plus à donner.

• 73⁄ Chuchotez à l'oreille de votre amour
juste avant de s'endormir : "Je t'aime".

74⁄ Filez à la piscine à l'heure du déjeuner.

• 75⁄ Achetez pour 50 euros de cartes d'anniversaire et autres.
D'avance. Stockez.

76⁄ Apprenez à traire une vache.

✶ 77⁄ Montez tout en haut. Du monument, de l'hôtel,
de la montagne. Tout est si différent vu d'en haut.

78. Faites une cure de pollen et de gelée royale.

79. Louez un détecteur de métaux pour un week-end.
Partez à la chasse au trésor.

80. Entourez-vous d'ami(e)s meilleur(e)s que vous.

81. Avant un gros projet, réfléchissez à ce que vous feriez si
vous ne pouviez rien échouer. Notez précieusement.

82. Emmenez un enfant voir les hippopotames
et les singes au zoo.

83. Embrassez votre amour à chaque feu rouge.

84. Faites une liste de tout ce que la vie vous a déjà donné. Remerciez la vie ...

85. ... et dressez la liste de ce que vous voulez encore. Fermez les yeux, et faites un vœu.

86. Évitez de vous justifier. Ou de prouver vos qualités.

87. Demandez discrètement au chef de faire une pizza en forme de cœur. Faites-la servir à votre amour.

88. Écoutez du folklore brésilien. Laissez-vous envahir par la samba. Vous êtes sur la plage de Copacabana. Capitulez.

89. Ayez toujours à portée de main une tenue complète pour sortir dans l'instant faire du sport.

⚝ 90. Ne commencez jamais par "Je ne devrais pas dire cela, mais ...". Tenez votre langue.

⚝ 91. Osez dire à un(e) inconnu(e) :
"Excusez-moi, pardonnez-moi de vous aborder ainsi, mais c'était plus fort que moi, il FALLAIT que je vous parle"

★92. Écrivez des poèmes. Même sans faire de belles rimes.

★93. Au moins une fois dans votre vie, buvez le jus d'une noix de coco fraîche.

★94. Ne laissez pas un petit doute, souci ou peur vous bloquer : prenez le risque. Statistiquement, vous y gagnerez.

● 95. Faire LA bonne chose vaut 1 000 000 fois PLUS que bien faire les choses : soyez efficient, jamais efficace

★96. Prenez un enfant par la main. C'est trop bon.

● 97. Faites pousser des fleurs chez vous.

98. Ne ratez pas une occasion de pratiquer l'équitation.
Surtout un matin d'été près de la mer.

★ 99. Sautez toujours sur une occasion que vous "sentez" bien.
Faites confiance à votre chance. Mettez-la encore et
encore à l'épreuve. Elle adore cela plus que tout.

● 100. Inventez une recette. De cocktail à la banane,
de couches-de-légumes-cuites-au-four ou de
gâteau au chocolat "maison", ce que vous voulez.
Donnez-lui votre prénom et recopiez-la pour vos amis.

101✓ Choisissez bien la personne avec laquelle vous vivez :
AUCUNE décision n'est plus importante.

102✓ N'offrez jamais un cadeau sans l'avoir emballé.

103✓ Cuisinez à l'huile d'olive.

104✓ Évitez de prêter beaucoup d'argent à un ami.
C'est rarement une bonne solution.
Et vous pourriez perdre bêtement cet ami.

105✓ Louez des patins à roulettes pour le week-end.

106. Soyez le meilleur ami de votre amour.

107. Ne considérez pas une journée
comme le prolongement de la précédente :
vous serez trop enclin à remettre au lendemain.
Tirez le maximum de chaque journée.
Indépendamment d'hier ou de demain.

108. Apprenez à reconnaître un champ d'orge, d'avoine,
de colza, de lin.

109. Soyez culotté.
"La fortune sourit aux audacieux" (Virgile).

110. Accrochez-vous.

Si vous pensez être

dans la bonne direction,

ne vous arrêtez pas.

Accrochez-vous.

111✓ Offrez-vous un massage complet chez un bon kiné.

★112✓ Dites plus souvent "J'ai besoin d'aide".

★ 113✓ Cessez une relation ou une activité non satisfaisante.

114✓ Rayez de votre vocabulaire :
"Je dois/Je devrais", "Il faut/Il faudrait que".
Vous ne devez rien d'important à personne.

★115✓ Accordez-vous une longue balade au bord de la mer ou
en forêt, avec quelqu'un que vous aimez.

☆ ☆ 116. Soyez tendre et romantique. Incurablement romantique.

117. Si vous vous levez pendant la nuit,
buvez un verre d'eau avant de vous recoucher.

118. Ne soufflez pas sur les bougies d'anniversaire des autres.

☆ 119. Soyez plus curieux.
Posez plus de questions.

☆ 120. Accueillez votre amour à la porte avec
un grand bouquet de fleurs. Et rien d'autre.

121. Faites confiance aux autres. Spontanément.

122. Fêtez même les plus petits succès, victoires, plaisirs et autres événements.

123. Soyez généreux pour la lutte contre le sida et le cancer.

124. Allez faire un petit tour sur Internet. Les cybercafés sont là pour cela. Et découvrez MonsieurBonheur.com.

125. Relisez les premières lettres d'amour que vous avez reçues.

✮ 126✓ Il est 5 heures : allez voir, Paris s'éveille. Inoubliable. ☺

✮ 127✓ Congelez un cadeau ou un petit mot tendre dans un cube de glace. Laissez votre amour découvrir la surprise.

✮ 128✓ Ne faites jamais semblant.

✮ 129✓ Profitez au maximum des soldes en fins de saison.

✮ ✮ 130✓ Allongez-vous sur le dos, par un bel après-midi d'été, dans l'herbe, le foin ou sur la paille, avec votre amour.

131 Apprenez par cœur votre poème préféré.

132 Tant qu'elle n'est pas concrétisée, même une idée de génie n'a AUCUNE valeur. Pensez moins. Agissez.

133 Préparez souvent le petit déjeuner et vos affaires pour le lendemain matin.

134 Visitez des lieux historiques.

135 Rire guérit tous les bobos de la vie. Dépassez la dose prescrite.

✫ 136╱ Sachez tout ce que votre amour préfère.
Sport, couleur, parfum, fleur, magazine,
dessert, cinéma, chanson, etc. : tout.

• 137╱ Prenez des cours de yoga.

138╱ Ramassez de jeunes pissenlits au printemps, dans un
champ non traité. Faites une salade. Avec de l'échalote
et des œufs durs, c'est encore meilleur.

✳ ✳ 139╱ "L'homme n'a rien de mieux à faire qu'essayer
d'être en parfait accord avec lui-même" (Freud).
Essayez. ☺

140. Croyez au Père Noël.

☆ 141. Ne vous prenez pas trop au sérieux.

☆ 142. Classez les dates d'anniversaire de vos proches sur
un calendrier perpétuel. Fêtez tous leurs anniversaires.

143. Entraînez-vous à choisir et diriger vos
pensées, sentiments et actions,
le plus souvent possible.

☆ 144. Allez attendre votre amour à la sortie de son travail.

✩ 145✓ Concentrez-vous quand votre cœur bat d'émotion
ou fond de plaisir. Profitez. Savourez.
Laissez le plaisir vous traverser ...

✩ 146✓ ... ne pensez pas à "après" : vous pourriez tout rater.

✩ 147✓ Apprenez à changer une roue et à vérifier
la pression des pneus, le niveau du liquide de frein,
le niveau de l'huile du moteur.

✩ ✩ 148✓ Téléphonez à votre amour sans raison spéciale.
Très tendrement.
Uniquement pour lui dire que vous l'aimez.

☆ 149✓ Regardez les gens bien dans les yeux. Posez votre regard.

150✓ Avancez votre montre de 8 minutes.

☆ 151✓ Photocopiez en couleur la une
du journal préféré de votre amour.
Changez le texte sur une imprimante de bureau.

☆☆ 152✓ Réservez-vous des moments d'intimité. Seul.
Sans être dérangé.

☆ 153✓ Cachez un mot tendre sous l'oreiller de votre amour.

★ 154⁄ Beaucoup perdent leur vie à vouloir la gagner. <u>Vivez.</u>

155⁄ Ne relayez jamais une rumeur ou un "bruit de couloir".

156⁄ Les 4 règles d'OR :
donnez des priorités à vos problèmes,
traitez-les un par un,
déléguez au maximum,
concentrez-vous.

157⁄ "Concentrez-vous" signifie : oubliez tout le reste,
impliquez-vous corps et âme, dans UNE seule chose
à la fois, sans être interrompu.

158. Achetez un nez rouge de clown.

159. "On ne peut marcher en regardant les étoiles, quand
on a un caillou dans son soulier" (proverbe chinois).
Débarrassez-vous définitivement des petits riens
qui vous encombrent. Vite.

160. Fermez les yeux quand vous dégustez.

161. Demandez à votre amour de réserver telle soirée.
Dans un mois.
Le mystère pendant 30 jours sera
aussi bon que le spectacle lui-même.

• 162✓ Tentez votre chance. Souvent. Encore. Et encore. Et encore. Et encore. Et encore. Et encore. Et encore. Et encore. Et encore.

163. Louez une décapotable pour un week-end.

164. Dites plus souvent "Bonjour", "S'il vous plaît", "Pardon", "Merci".

165. Soyez le premier à applaudir après un spectacle ou un discours.

166. Organisez un barbecue avec vos meilleurs amis.

167. Trouvez un nouveau petit nom pour votre amour. Dites-le souvent.

168. Abonnez-vous à un mensuel de mots croisés. Mettez-en un dans vos toilettes, avec une gomme et un crayon.

✦ 169. Gardez votre âme d'enfant.

170. Offrez un calendrier où vous aurez coché les jours que vous voulez passer avec votre amour.
Cochez-les tous.

171. Cochez avec des autocollants en or en forme de cœur.

• 172. Trouvez un parfum qui parle encore mieux de vous.

✯ 173. Faites remonter vos rêves à la surface. Surtout vos rêves d'enfant. Quand on abandonne ses rêves, on meurt.

✯ 174. Apprenez à effacer les mauvais souvenirs.

175. Ne ratez pas une occasion de prendre la parole en public.

176. Fabriquez-vous une oasis où vous pouvez recharger vos accus. Vous retrouver. Et réfléchir à des solutions.

177. Visitez des jardins publics avec une roseraie au moment de l'éclosion des boutons.

178. Laissez-vous gagner par vos émotions. Riez fort ou pleurez à chaudes larmes, si vous en avez envie. Lâchez-vous.

179. Ramassez des mûres, des fraises des bois, des châtaignes.

180. Si tout était possible, que changeriez-vous à votre vie ? Trouvez au moins 3 idées.

181. Ne ratez jamais le Concert du Nouvel An à Vienne, retransmis chaque année en direct à la TV.

182. Fermez les yeux, et faites un vœu.

183. Sortez et mettez en évidence, la lingerie dans laquelle vous voudriez voir, ou savoir, votre amour.

184. Ne passez pas à côté d'un plaisir sous prétexte que vous voulez encore mieux.

185. Ayez le robot ménager le plus puissant et le plus complet que vous puissiez trouver : simplifiez-vous la vie.

• 186. Dites souvent "Quel plaisir de vous revoir !".

✳ ✳ ✳ 187. Prenez la vie comme elle vient.

prenez la vie comme elle vient !

✴ 188. Allez contemplez la nature en haut d'une montagne.
Du haut du Mont Blanc, c'est &&&√◊∞÷#@¿¿!!!. ☺

189. Listez tous vos favoris : un livre, un magazine, un sport,
un chanteur, un restaurant, un parfum, une couleur, etc.
Décidez à chaque fois qui est votre favori.

✴ 190. Ayez un seul but en tête.
Marchez droit vers lui. Sans vous laisser détourner.
Les étapes s'enchaîneront toutes seules.

✴ 191. Dites souvent aux enfants que vous êtes fier d'eux
et qu'ils ont fait beaucoup de progrès.

192✓ Lavez les cheveux de votre amour.

193✓ Ne vous tracassez pas pour tout ce qui est difficile
à changer. Faites de votre mieux. Et n'y pensez plus.

194✓ Achetez 10 grands albums photos à feuillets autocollants
et repositionnables. Sans vous poser de question.

☆ 195✓ Apprenez à vous aimer. Tel que vous êtes.
À l'intérieur comme à l'extérieur.

☆ 196✓ Prenez des cours de Zen.

197. Ce soir, rentrez chez vous déguisé. Sans prévenir.

✭ 198. Demandez à vos grands-parents de vous aider à dresser l'arbre généalogique de votre famille.

199. Évitez de tout recommencer à zéro. Trouvez le moyen de réutiliser vos efforts et succès précédents. Recyclez.

✭ 200. Ne ratez pas une occasion de déjeuner sur l'herbe.

201. "Il n'est pas de vent favorable à celui qui ne sait où il va." (Sénèque). Guidez la chance jusqu'à vous.

✭ 202. Soyez spontané.

✭ 203. Fermez les yeux. Faites défiler dans votre tête les
3 plus grands moments de bonheur de toute votre vie ...

✭ ✭ 204. ... concentrez-vous sur chacun de vos sens : vue, ouïe,
toucher, goût, odorat. Retrouvez ce que vous éprouviez
exactement pendant ces moments de bonheur intense.

205. Louez un piano d'étude.

206. Apprenez 3 tours de magie.

207✓ Attirez la bonne humeur. Autour de vous mettez de la couleur, et sur vous, des couleurs gaies. Osez le rose.

208✓ Ne demandez jamais une remise avant de connaître la facture totale.

209✓ Faites que vos pensées vous libèrent. Pas l'inverse.

210✓ Ne critiquez jamais votre amour au point de le blesser. Vous lui feriez du mal bien inutilement.

211✓ Prenez un chaton dans vos bras. Écoutez-le ronronner.

✭ 212. Dégustez un melon glacé, en plein été, sur la plage.
Doigts de pieds en éventail

213. La prochaine fois que vous prenez l'avion,
demandez à visiter le cockpit.

✭ 214. Organisez un anniversaire-surprise à vos meilleurs amis.

• 215. Ayez dans votre portefeuille une photo de
tous les êtres qui vous sont chers.

✭ 216. Accordez-vous une fantaisie. Même un peu folle.

217. Achetez beaucoup plus de légumes et de fruits.

218. Inscrivez-vous à un cours d'expression artistique.
Essayez-vous au dessin, à la peinture, à la sculpture...

219. ... et à un cours de danse. Apprenez le rock et la biguine.
le ballet ☺

220. Donnez de gros pourboires.
Ajoutez parfois un ticket du "Millionnaire"®.

221. Cherchez à être le plus souvent possible avec
la bonne personne, au bon endroit, au bon moment.

222. Trouvez des activités nouvelles qui font monter votre taux d'adrénaline.

✩ ✩ 223. Embrassez chaque centimètre carré du corps de votre amour. Faites durer.

224. Procurez-vous les catalogues de 3 agences de voyage.

225. Apprenez le ski nautique jusqu'à sortir en monoski.

✩ 226. Faites plaisir par plaisir. Pas par devoir. Et surtout pas pour être aimé.

● 227✓ Mettez la pédale douce. Dites-vous : "Je prends le temps
de vivre". Et prenez votre temps. Laissez-vous vivre.

228✓ Dites vite ce qui vous tracasse.
N'attendez pas qu'on devine.

✳ 229✓ Ne vous comparez à personne.

✧ 230✓ Quand on mange à une table belle et raffinée,
tout prend un goût spécial. Soignez votre présentation.

231✓ Apprenez à sauter à la corde.

✗✗✗ 232✓ "Carpe Diem".
Cueillez le jour.
Ici et tout de suite.
Vous ne pourrez jamais
remonter les aiguilles du
temps : profitez de cet instant,
de chaque instant, avec délice.

✫ 233. Prenez ceux que vous aimez dans vos bras.
Surtout sans aucune raison spéciale.

✫ 234. Soyez généreux.

• 235. Prenez des résolutions à chaque nouvelle année.
Notez-les. Essayez de les tenir 21 jours. Après, c'est gagné.

✫ 236. Souhaitez "Bonne journée" aussi souvent que possible.

237. Allez accueillir votre amour à la gare ou à l'aéroport.
Quels que soient le jour et l'heure.

238. Décidez que vous ne serez plus jaloux. Ça change la vie. En plus c'est rigolo : en général, l'autre devient jaloux.

239. N'attendez jamais l'inspiration ou l'envie. Mettez-vous au travail, commencez même si c'est mauvais. Et elle surgira.

240. Apprenez à jongler avec 2, puis 3 balles.

241. Organisez une journée de pêche avec vos amis.

242. Prenez l'habitude de ramener des fleurs chez vous, au moins une fois par semaine.

243. Emmenez votre amour en pique-nique. En bord de mer ou de rivière. En haut d'un phare ou dans la neige.

244. Prenez plus de risques. Pour réussir, il faut doubler son taux d'échecs personnels.

245. Prenez le temps de serrer la main pour dire bonjour.

246. Étirez-vous en inspirant profondément.
Favorisez la respiration abdominale, plus régénératrice.

247. Soyez raisonnable, faites-vous plaisir.

248. Apprenez à changer une ampoule ou
réparer une prise électrique.

249. Encouragez les gens à parler d'eux, de ce qui les intéresse.
Vous serez étonné par ce que vous apprendrez.
Et finalement, que cela puisse autant vous intéresser.

250. Prenez plus de décisions.
Des décisions bien tranchées.
Et évitez comme une plaie de revenir dessus.

251. Donnez plus de bisous, de câlins, de papouilles.
Surtout sans raison spéciale.

252∕ Grattouillez le dos de votre amour.

253∕ Demandez-lui de vous grattouiller le dos.

254∕ Si vous deviez mourir d'ici un an, que changeriez-vous à votre vie ? Trouvez 3 idées. Mettez-les vite en chantier.

255∕ Si vous deviez mourir d'ici demain, que feriez-vous de vos derniers instants ? Faites-le dans les 48 heures.

256∕ Donnez-vous le droit d'exprimer vos sentiments, de ne pas être fort. Montrez-vous. Ouvrez-vous.

257. Lisez des histoires aux enfants.

258. Faites une cure de ginseng rouge de Corée.

259. Apprenez par cœur une tirade du théâtre classique.

260. Arrêtez votre cinéma : soyez vous-même.
Agissez comme vous l'entendez au lieu d'adopter la
conduite que vous croyez être celle qu'on attend de vous.

261. Emmenez votre amour regarder le soleil se coucher.
La lune puis les étoiles apparaître. Faites un vœu à deux.

262. Amusez-vous avec votre look : changez de coupe,
de teinte, de lunettes, de maquillage, de montre, etc.

263. Classez les articles de presse qui vous donnent "la pêche".

264. Visitez un aquarium avec des poissons tropicaux.
Les couleurs sont magnifiques.

265. Consacrez votre temps à l'essentiel, arrachez-le au reste.
Ce qui n'est pas essentiel est inutile.

266. Louez un karaoké pour votre anniversaire.

267. Faites confiance à votre bon sens.

268. Résistez à la tentation de reprendre une histoire d'amour qui s'est déjà mal terminée.

269. N'essayez jamais d'être parfait. JAMAIS.

270. Créez de toute pièce des occasions de faire un vœu porte-bonheur inédit avec un être cher.

271. Sautez à pieds joints sur le kilomètre zéro en face de Notre-Dame de Paris, et faites un vœu avec votre amour.

272✓ Écrivez des petits mots tendres. Cachez-les dans
10 endroits différents pour faire autant de surprises.

273✓ Prenez les prospectus qu'on vous tend dans la rue.
Les gens sont payés pour faire ce travail.

274✓ Montez une fois à dos de chameau ou d'éléphant.

275✓ Tout devient compliqué dans votre tête ?
Arrêtez-vous, plaquez tout. Remettez tout à plat. Vite.

276✓ Débouchez une bonne bouteille.

277. Achetez des petits carnets à spirale pour pouvoir toujours prendre des idées en note.

278. Économisez sur tous les symboles de "réussite sociale".

279. Donnez la priorité aux projets et aux actions qui favorisent votre stabilité intérieure et votre sérénité.

280. Apprenez à recoudre un bouton.

281. Sautez comme un kangourou ou marchez en vous balançant comme un singe, pour faire rire les enfants.

282. Osez demander la lune. Vous obtiendrez toujours plus de "oui" que vous ne l'espériez.

283. Apprenez à dire "Je t'aime" en italien, hébreu, grec, japonais, arabe, chinois, russe, suédois, espagnol.

284. (Ti amo, Ani ohev otar, S'Agapo, Ai shite imassu, Bahibak, Wo ai nei, Ya liubliu tiebia, Jag alskar dig, Te quiero.)

285. Visitez les champs de lavande de l'abbaye de Sénanque.

286. Apprenez à siffloter.

287. Prenez des cours avec votre amour : archéologie, art moderne, œnologie, deltaplane, alpinisme, ce que vous voulez. Mais prenez des cours ensemble.

288. Ayez 100 fois moins d'idées, d'intentions, de projets. Mais agissez plus souvent. Concrétisez. Vos actes sont 1000 fois plus efficaces que tout ce que vous pourriez inventer.

289. Fuyez comme la peste les gens qui ont besoin d'avoir des soucis ou de souffrir pour se sentir vivre.

290. Balancez-vous. Dans un fauteuil à bascule. Dans un hamac. Où vous voulez. Balancez-vous. Lentement.

291✓ Soyez votre meilleur ami.

292✓ Apprenez à déléguer toujours plus. Réussir en aidant les autres à réussir est le secret de nombreuses réussites.

293✓ Ne perdez pas une seconde à penser à vos ennemis.

294✓ Chaînez vos efforts. Cela vaut toujours mieux que travailler comme un fou.

295✓ Grimpez dans l'arbre cueillir des cerises ou des prunes. Comme quand vous aviez 10 ans.

296. Allongez-vous près d'un feu qui crépite.
Laissez-vous bercer, hypnotiser, par les flammes.
Jetez une pincée de gros sel pour les colorer en vert.

297. Débarrassez votre tête : notez les petites choses
encombrantes, et n'y pensez plus.

298. N'offrez pas un livre sans l'avoir auparavant dédicacé.

299. Faites un vœu pour une personne que vous aimez.

300. Enfilez le T-shirt porté par votre amour.

301. Voyez GRAND.

La vie est un miroir :

elle ne vous donnera

jamais plus que ce que vous

en espérez.

302. Dégustez un délicieux vin chaud à la cannelle, quand la neige tombe.

303. Attachez un petit cadeau à des ballons collés au plafond.

304. "80% de la réussite est dans le premier pas." (Woody Allen). Un pas suffit. Avancez.

305. Créez une fête annuelle à date fixe, pour réunir tous vos amis. Exemple : le dernier dimanche de janvier.

306. Faites des chatouilles à votre amour.

307✓ Ayez au moins un film d'amour à l'eau de rose, style *Pretty Woman* ou *Sabrina,* dans votre vidéothèque.

308✓ Si vous choisissez un travail que vous aimez, de même que si vous vous débrouillez pour échanger les tâches que vous n'aimez pas par d'autres que vous aimez, vous ne travaillerez plus jamais de votre vie. ARRÊTEZ DE TRAVAILLER.

309✓ Respectez vos principes.

310✓ Regardez la TV en différé. Gain de temps : 50%. Et en qualité de programme : 500%. Grâce au magnétoscope.

311. Essuyez votre amour avec une serviette chaude (pensez au sèche-linge). Bien lentement.

312. Accueillez chaque matin qui se lève avec amour, confiance et paix.

313. Écoutez de la musique douce.

314. Trouvez 3 idées pour améliorer votre cadre de vie.

315. Chantez. Sans raison spéciale. Même à tue-tête. Même seul. Mais avec des enfants c'est tellement meilleur.

316. Mesurez le corps de votre amour. Cou, poitrine, bras, main, doigts, bassin, cuisse, mollet, pied, etc. : tout.

317. Ne critiquez pas le cadeau qu'on vous a offert.

318. Fuyez ceux qui vous rabaissent ou sucent votre énergie.

319. Si vous manquez de temps 3 jours de suite, donnez-vous une heure pour reclasser vos priorités. Reportez ou annulez ce qui n'est pas essentiel.

320. Prenez un bain chaud avec des sels et des algues.

321. Plantez un arbre à chaque événement important :
fruitier pour un anniversaire, chêne pour une naissance.

322. Avant de projeter un voyage exotique
-surtout s'il est bref-, rappelez-vous que les étrangers
envient la beauté et la diversité de nos paysages.

323. Offrez un paquet de cadeaux inspirés par
chaque lettre du prénom de votre amour.

324. Glissez-y un "plus" : des confettis, des petits cœurs,
du parfum, un collage de photos, du sable, votre baiser
au rouge à lèvres, un cheveu, vos empreintes, etc.

325. Si un voisin est satisfait de son plombier, son dentiste ou sa baby-sitter, demandez vite les coordonnées complètes.

326. Prenez conscience que vous disposez de VOTRE temps. Que vous POUVEZ en faire ce que bon vous semble. En totale liberté.

327. Prévoyez oreiller gonflable et boules Quiès (ou mieux des bouchons EAR en pharmacie) si vous prenez l'avion.

328. Offrez à votre amour un déjeuner gastronomique en province. Au moins 2 toques blanches au Gault & Millau.

329. Profitez plus de la vie. Levez-vous plus tôt le matin.

330. Anticipez vos progrès : ce que vous allez devenir est beaucoup plus important que ce que vous êtes.

331. Pratiquez un sport collectif. Même irrégulièrement.

332. Commencez par le plus important.
L'urgent peut toujours attendre.

333. Exagérez : si votre amour aime les chewing-gums, offrez-lui en 3 kilos.

334. Faites le ménage dans votre tête : une conscience claire est une porte grande ouverte au bonheur.

335. Ne ratez pas l'occasion d'assister à un concert en plein air.

336. Débarrassez-vous de tous les côtés austères et ennuyeux de votre vie. Exterminez-les sys-té-ma-ti-que-ment.

337. Dites à votre amour pourquoi vous l'aimez.
Donnez les 10 meilleures raisons, pour commencer.

338. Cherchez un trèfle à 4 feuilles.

339. Fractionnez vos objectifs à long terme en sous-objectifs précis, clairs, chiffrés et datés. En tout, 10 au maximum.

340. Dressez un calendrier avec des échéances précises pour chaque sous-objectif. Mettez tout par écrit. Au propre.

341. Soyez capable d'expliquer clairement vos objectifs, sous-objectifs, échéances, et enchaînements, à n'importe qui.

342. Relisez souvent la liste de vos objectifs, l'enchaînement des sous-objectifs. Apprenez-les par cœur. Laissez-les vous guider dans la bonne direction.

343. Marchez sur les coussins.

344. Présentez-vous souvent. Pour faire connaissance.

345. Passez à deux dans les portes tournantes à tambour.

346. Dans la cuisine, laissez ouvert en permanence,
un bon livre de recettes. Avec des photos en couleur.

347. Demandez-vous souvent : "Quel est en cet instant
le meilleur usage possible de MON temps ?"
Trouvez le meilleur du meilleur du meilleur. Action.

348. Allongez-vous dans un hamac. Regardez le ciel.
Écoutez le vent. Le bruit des feuilles.

349. Ayez plusieurs vélos. Organisez des balades entre amis.

350. Prenez 2 minis-contrats avec vous-même.

351. Veillez à ne pas être interrompu quand
vous êtes concentré. Votre efficacité sera triplée.
Apprenez à dire non et fixer des rendez-vous aux autres.

352. Aidez les autres. Spontanément. Gratuitement.

353. Donnez chaque jour 10 minutes d'attention exclusive, en un seul bloc, à l'amour de votre vie.

354. Découvrez l'escalade ou le trekking avec des amis.

355. Décidez qu'à partir de maintenant, vous agirez par choix. Et non plus par obligation ou par faiblesse.

356. Donnez à manger aux oiseaux. Écoutez-les gazouiller. Suivez-les dans le ciel.

357. Le plaisir est d'abord dans l'attente : ne vous pressez pas.

358. Ayez un bon livre près de votre lit.

359. Faites silence. Retrouvez votre calme intérieur.
Votre sagesse profonde.

360. Ne faites pas confiance à votre mémoire : notez vite
vos idées. Ou vous perdrez 80% de leur pouvoir.

361. Revenez souvent sur les meilleures idées que vous avez
notées. Pour y rebondir, alimenter votre créativité.

362. Fêtez les nuits de pleine lune avec votre amour.

363. Jouez. Avec des enfants, des amis, avec qui vous voulez. C'est un élixir de jeunesse.

364. Ne ratez pas une occasion de danser avec votre amour.

365. Achetez chaque mois un magazine ou un livre très éloigné de vos préoccupations habituelles.

366. Fêtez l'anniversaire de vos premiers bisous, "Je t'aime", gros-gros câlins, etc. Créez plein d'autres anniversaires.

367. Prenez un café dans le salon d'un palace. Faites durer.

368. Passez vos soucis au laser.

Pas au scanner.

369. Marchez pieds nus sur un gazon encore empli de rosée, un matin d'été. En fermant les yeux. Savourez.

370. Évitez les journaux télévisés : lire un quotidien vous permet d'être plus sélectif.

371. Prenez des cours de voile. Jusqu'à sortir une fois seul.

372. Ne dites pas "Tu vois bien que j'avais raison" ou "Je te l'avais bien dit". Vous feriez du mal bien inutilement.

373. Faites la course à 4 pattes. Avec qui ?

374. Écrivez. Couchez vos idées sur le papier.
Elles deviendront plus claires et plus fortes.
Et vous mettrez plus facilement sur pied,
ce que vous aviez dans la tête.

375. Faites un peu de gymnastique tonique chaque jour.
Vous serez plus en forme pour faire "crac-crac".

376. Méfiez-vous des raccourcis si vous êtes pressé
d'être heureux. Prendre son temps va plus vite.

377. Prenez le temps de contempler votre prochain arc-en-ciel.
Faites un vœu.

378. Souriez aux gens. Deux fois plus souvent. Deux fois plus longtemps. Irrésistible. Et ça peut changer votre vie.

379. Bien des projets ne voient pas le jour UNIQUEMENT parce qu'on n'a pas fixé de date pour leur démarrage ou leur achèvement. Prenez date.

380. Visitez un planétarium ou un muséum d'histoire naturelle.

381. Ne ratez pas l'occasion de faire une sieste dans un hamac.

382. Jouez avec de la pâte à modeler.

383. Faites un massage inattendu à votre amour. Cuir chevelu, main, doigts, reins, tempes, front, orteils ou pied.

384. Faites des listes. Exemple : ce que vous devez mettre en général dans votre valise ou caddy de supermarché. Affinez-les à l'usage. Plus aucun oubli, plus aucun stress, et vous gagnerez un temps fou.

385. Ne sacrifiez pas une partie de votre vie pour l'argent ou un "bonheur" à venir : vous risquez de graves désillusions.

386. La prochaine fois, prenez un itinéraire inhabituel pour rentrer chez vous.

387. Donnez un rendez-vous télépathique à votre amour :
à telle heure, arrêtez tout et pensez l'un à l'autre.

388. Ne vous privez pas de bâiller. Lentement. En ouvrant
grand la bouche et en vous étirant dans tous les sens.

389. Résistez à l'envie de démontrer que vous avez raison.
Laissez les gens triompher avec leur amour-propre.
Choisissez d'être heureux, plutôt que d'avoir raison.

390. Plusieurs fois par jour, astreignez-vous à ne plus penser
ni analyser : laissez votre cerveau glisser dans le vague,
flotter en totale liberté. Zen.

391. Faites tirer un poster géant de la meilleure photo où vous êtes avec votre amour.

392. Apprenez à faire un nœud de cravate.

393. Si on vous demande ce que vous désirez, ne répondez pas "N'importe" ou "Ce que vous voulez". Faites un choix.

394. Essayez au moins une fois le parachute ascensionnel.

395. Envoyez une carte d'anniversaire par jour à votre amour, durant les 30 jours précédant le jour J.

396. Ayez une lampe avec abat-jour près d'un fauteuil très confortable. Pour lire dans des conditions de rêve.

397. Filtrez les appels quand vous êtes concentré : demandez ce service à votre entourage, ou branchez le répondeur.

398. Mangez peu avant de visiter une galerie d'art. Vous sentirez votre cœur battre plus fort devant la beauté.

399. Trouvez 3 idées pour donner plus d'équilibre à votre vie.

400. Mettez-vous en paix avec vous-même.

401. Fréquentez au maximum les endroits où se retrouvent les gens que vous aimeriez rencontrer.

402. Organisez un après-midi de shopping avec vos amis.

403. Exprimez vos opinions avec force et conviction.

404. Assurez-vous de tirer la leçon de chaque gifle de la vie. Sinon, le scénario se reproduira. Tôt ou tard.

405. Achetez les friandises de votre enfance. Fraises Tagada, Zan, Carambars, Roudoudous, etc. Mangez-les.

406. Comment seraient les vacances les plus merveilleuses de votre vie ? Trouvez 3 idées. Et préparez vos bagages.

407. Juste avant de dormir, faites la lecture à votre amour.

408. Les fées veulent toujours exaucer 3 vœux.
Demandez-en un quatrième, ça marche souvent.

409. Acceptez tous les désagréments de l'administration comme un devoir civique. Et n'y pensez plus.

410. Faites les courses avec votre amour.

411. Nettoyez. Rangez. Vous "nettoierez" et vous "rangerez" dans votre tête en même temps. Comme par magie.

412. Prenez le temps de regarder un oiseau construire son nid, une araignée sa toile, des fourmis une ville entière.

413. Apprenez par cœur votre chanson favorite. Et en plus, *Volare, Le Chanteur de Mexico, New York-New York*.

414. Lisez le livre favori de votre amour.

415. Goûtez avec délice même les joies les plus simples.

416. Offrez des roses Baccarat à votre amour.
Si vous ne savez pas pourquoi, lui, il le sait.

417. Ne mégotez pas sur les prix d'une belle cuisine et d'une
belle salle de bains. Trop important pour votre bien-être.
Vous économiserez ailleurs.

418. Évitez les ennuis. C'est moins coûteux et plus facile,
que de trouver ensuite les moyens de s'en débarrasser.

419. Quelle que soit la température, trempez-vous au moins
les pieds à chaque fois que vous allez près de la mer.
Sautez dans les vagues. Respirez à pleins poumons.

420. Prenez une semaine de vacances par mois. Sur la distance, vous serez aussi productif. Mais tellement plus heureux. Mécanique : avant de partir vous vous dépêchez de finir, au retour vous êtes hyper-rapide.

421. Au moins une fois dans votre vie, faites des confitures.

422. Musardez dans une librairie.

423. Ne ratez pas une occasion de glisser sur un toboggan.

424. Prenez plein de photos. Pensez aux appareils jetables.

425. Au moins une fois dans votre vie, emmenez votre amour en traîneau ou en calèche.

426. Louez une lunette d'astronomie.

427. "C'est en vain qu'on cherche au loin son bonheur quand on néglige de le cultiver en soi-même" (Rousseau). Méditez.

428. Allégez-vous. Dans TOUS les sens du terme.
Votre vie sera plus belle. Plus légère. Plus facile. Plus gaie.

429. Apprenez par cœur un air au piano.

430. Trouvez un petit rien qui pourrait embellir
la journée de votre amour.

431. Défoulez-vous après une victoire.
Petite ou grande. Lâchez-vous.

432. Ne donnez jamais de conseils boursiers.

433. Par-ci, par-là, décidez de perdre un peu de votre temps.

434. Demandez à votre amour tout ce qu'il considère
comme érotique. Vous apprendrez beaucoup.

435. Si quelque chose vous plaît
vraiment dans une vitrine,
ne la ratez pas :
vous regretterez rarement
une "petite folie".
Ne confondez pas le prix
et la valeur des choses.

436. Glissez une anomalie dans votre quotidien. Pensez
au farfelu qui se déguise en Père Noël tous les 14 juillet.

437. Allumez un feu avec du bois que
vous avez ramassé ou coupé.

438. Visualisez la scène : vous avez réalisé votre rêve.
Notez les détails de ce que vous voyez (où êtes-vous,
en quelle saison, quelle heure est-il). Notez précieusement
tout ce que vous ressentez, comprenez, entendez.

439. "Ce qu'on désire ardemment, constamment, on l'obtient
toujours" (Napoléon). Soyez ardent. Et constant.

440. Organisez un dîner romantique à la maison.
Chandelles, décorations, petits plats, musique douce,
fleurs coupées, petites attentions, etc.

441. Quand vous reportez quelque chose d'important,
cherchez pourquoi vous avez peur de bien le faire.

442. Ouvrez vos armoires, triez, rangez, et donnez
à des œuvres humanitaires, tout ce que
vous n'avez pas porté ou utilisé depuis 2 ans.

443. Dites souvent aux enfants que vous avez une confiance
totale en eux et que vous les aimerez toujours.

444. Proposez à votre amour de venir réchauffer
ses pieds glacés sur vous, dans le lit.

445. Ayez toujours un C.V. prêt à expédier.

446. Prenez au moins un baptême de planeur,
de plongée sous-marine et de parachutisme.

447. Ayez un magnétoscope et un répondeur :
vous gagnerez 100% de liberté.

448. Voyagez léger.

449. Faites un vœu quand vous apercevez le premier papillon, la première abeille, la première hirondelle, etc.

450. Apprenez à manier un cerf-volant.

451. Fuyez comme la peste les pessimistes et les frustrés.

452. Regardez vos fantômes en face, bien dans les yeux. Ils finiront par se tordre le cou. Tout seuls.

453. Découvrez les sports d'eaux-vives : hydrospeed, canoë, raft, hairboat, kayak. Exemple : à Embrun, Hautes-Alpes.

454✓ "La nature a donné une langue et deux oreilles afin que
nous écoutions le double de ce que nous disons" (Zénon).
Soyez plus à l'écoute des autres.

455✓ Si vous trébuchez, relevez-vous aussitôt. Sans réfléchir.
Et si vous tombez 7 fois, relevez-vous 8.

456✓ Dès que vous avez un jardin, plantez des fraisiers et
des arbres fruitiers.

457✓ Mettez de la beauté et de la douceur dans votre vie.
Commencez par le plus facile : décorez, colorez,
embellissez, les endroits où vous vivez.

458. Accrochez un mobile musical près de votre porte.
Écoutez le vent ou les courants d'air le faire chanter.

459. Évitez de deviner les pensées des autres. Demandez-leur.

460. Réalisez des tours de magie. Pas des tours de force.
Travaillez moins. Mais mieux.

461. Renforcez vos points forts. N'essayez pas de tout contrôler.

462. Chaque printemps, allez en Normandie respirer
sous des pommiers en fleurs.

463. Allez doucement, dans la vie : où que vous souhaitiez vous rendre, vous y arriverez toujours plus vite.

464. Ne mégotez pas sur le prix d'un bon lit, de beaux draps, d'une belle chambre : vous y passez le tiers de votre vie.

465. Fichez la paix à vos enfants et à vos parents.

466. Apprenez à reconnaître un faisan, une perdrix, une pie.

467. Passez une nuit à la belle étoile avec votre amour. Regardez le soir filer. Comptez les étoiles. Contemplez.

468. Au soir de votre vie, vous oublierez vos erreurs. Mais vous regretterez ce que vous n'avez pas osé faire. Osez.

469. Pour vos couettes, oreillers et autres polochons, essayez la plume d'oie.

470. Révisez vos priorités : faites d'abord ce qui vous plaît vraiment, ce pour quoi vous êtes prêt à vous donner à 120%. Ce qui vous amuse et vous passionne.
Et le reste finira par trouver sa place. Tôt ou tard.

471. Invitez votre amour au cinéma le jour de sortie du dernier film de son acteur ou réalisateur favori.

472. Une seule idée peut changer toute votre vie. Ouvrez l'œil,
tendez l'oreille. Elle peut surgir à tout moment.
Sans faire de bruit. Ni enfiler son costume de star.

473. N'écoutez pas ceux qui diraient le contraire :
tout le monde aime les compliments sincères.
Surtout en public.

474. Offrez un exemplaire de ce livre, avec votre dédicace,
à tous les êtres qui vous sont chers.

475. Organisez une soirée chez vous. Sans raison spéciale.
Mais officiellement, trouvez-en une.

476. Bichonnez-vous.

477. Accomplissez les petites choses de la vie avec soin.
Avec amour.

478. Surestimez vos temps de transport de 10%.
Avec un minimum de 8 minutes.

479. Emmenez votre amour dans un magasin de sport.

480. Donnez à votre enfant le maximum de confiance en
lui-même. Vous ne lui ferez jamais de plus beau cadeau.

481. Déposez une fleur sur l'oreiller de votre amour.
Parce que. Ou pour demander un gros-gros câlin ?

482. Le succès appelle le succès. Amorcez la pompe.

483. Le plaisir appelle le plaisir. Amorcez la pompe.

484. Agir dissipe la peur. Passez à l'action.
N'attendez pas : vous ne serez jamais prêt à 100%.

485. Créez une occasion de porter un toast en l'honneur
de la personne qui partage votre vie.

486. Sortez habillé pareil que votre amour.

487. Faites spontanément confiance à un nouveau visage.
Se méfier prend trop de temps, d'énergie. Et gâche tout.

488. Essayez de jeûner 36 heures d'affilée.
Ne buvez que de l'eau.

489. Prenez votre temps quand vous conduisez.

490. Ensorcelez votre amour comme si vous deviez
le reconquérir chaque matin.

491. Allez flâner dans un parc. Donnez des graines aux oiseaux.
Installez-vous devant une fontaine ou un bassin. Lézardez.

492. Avant un speech, éclipsez-vous pour vous asseoir,
dos bien droit, mains sur les genoux,
et vous lever-rasseoir-lever, comme un ressort,
pendant 5 minutes : anti-trac absolu.

493. Comptez 100 étoiles filantes dans le ciel vers le 15 août.

494. Fêtez les changements de saison avec votre amour.
Créez des rituels avec lui. Intimes, rigolos, spéciaux,
ce que vous voulez. Mais créez des rituels avec lui.

495. Élevez votre esprit.

496. Osez demander. Quelle que soit la réponse.
Un instant d'embarras ... pour des heures de libération.

497. Rendez un service à quelqu'un qui ne saura
jamais que vous en êtes l'auteur.

498. Tenez un journal intime avec tous vos progrès, victoires,
succès. Même les plus petits. À relire avec délice.

499. Félicitez et encouragez des gens CHAQUE jour.

500. Votre conscience chuchote.

Faites silence

pour l'écouter.

Et suivez ses conseils :

c'est elle qui a raison.

501. Collez-vous derrière votre amour, enlacez-le pour
faire corps avec lui, puis essayez de marcher ensemble au
même pas. Avec l'habitude vous pourrez fermer les yeux
et vous laisser guider : sensations encore plus intenses.
Respirez ses cheveux, sa nuque, son cou,
laissez fondre votre tête dans la sienne.

502. Apprenez à vous relaxer. Vous détendre complètement.
Détendre tous vos muscles. Visage. Cou. Épaules.
Poitrine. Dos. Ventre. Laissez filer vos pensées
comme des nuages, sans chercher à les retenir.

503. Le bonheur est contagieux :
entourez-vous de visages heureux.

504. Réveillez-vous tôt chaque lundi : sentez la vie, la ville, les gens qui se réveillent. Faites des projets. Pensez aux bonnes choses qui vont vous arriver cette semaine.

505. Chaque été, allez respirer sous des tilleuls en fleurs.

506. Collectionnez sans cesse de nouveaux "marqueurs" dans votre vie : des rituels qui n'appartiennent qu'à vous, des fêtes-surprises, des photos-souvenirs, de nouvelles lubies, des objectifs insolites, des décisions bien tranchées, des objets-témoins, la liste sans fin de vos favoris, etc. Vous donnerez plus de sens, de relief et de repères à votre vie. Et vous deviendrez un alchimiste capable de transformer l'ordinaire en merveilleux.

507. Convenez d'un signe pour dire "Je t'aime"
de loin ou entouré de plein de monde.
Je remue mon nez avec mon index droit.
Comme dans *Ma Sorcière Bien-Aimée*.

508. En voiture ou dans une file d'attente,
laissez des gens passer devant vous.

509. Apprenez à jouer d'un instrument de musique.

510. Quel que soit votre projet, démarrez
avec les moyens dont vous disposez déjà.
Sans plus attendre. Foncez.

511. Faites confiance à la chance.

512. Croquez la vie à pleines dents.
Ne gardez pas le meilleur pour la fin.
Mangez-le tout de suite.
La vie est trop courte.

Lₐ vie n'est pas une répétition comme au théâtre. On ne vit qu'une fois. Vous n'aurez jamais une autre occasion de vivre la présente seconde. Ni toutes les suivantes. Alors, autant la vivre belle. Voir la vie en rose. Et pour cela, pas besoin d'être ceinture noire de kama-suthra. Ou d'abuser de quelque substance que ce soit. Au contraire. Les idées les plus simples sont les plus fortes. Le rêve serait de pouvoir se coller des ailes d'ange dans le dos, pour s'envoler très haut. Quitter tout ce qui ne va pas. Être enfin aux anges. Nager dans le bonheur. Toute la vie, toute la vie. Je vous prête mes ailes quand vous voulez … mais gare à la chute ! Car les premières ailes qui aient jamais réussi à me hisser vers le bonheur, sont celles qui ont poussé un jour dans ma tête. Sans doute tout ce qui me restait à faire : un chauffard avait brisé ma carcasse, j'étais incapable du moindre mouvement. Cloué au lit. Comme un papillon épinglé dans une collection. Ne pas bouger. La tête envahie de papillons noirs. Puis après des mois et des mois, est né le premier papillon rose. Puis un autre. Puis un autre. Bientôt des centaines. Et toute ma vie a changé.

Chacun des 512 items de ce livre, commence par une demi-aile de ces papillons roses. À vous de reconstituer vos propres papillons. À votre façon. Et laissez le charme agir. Laissez-les se colorer en rose et se multiplier dans votre tête : aile-vez votre esprit, élevez vos papillons. Et à votre tour, vous vous sentirez pousser des ailes. Plus besoin de les coller, **vous** décollerez tout seul, sans effort. Comme par magie.

Dans l'Antiquité le travail était réservé aux esclaves. Dégradant, humiliant. Pendant des siècles, personne n'aurait perdu sa vie à vouloir la gagner. Saint Thomas d'Aquin préconisait même l'oisiveté. C'est au XIXième que le travail devient valeur universelle : on travaille 17 heures par jour, de l'enfant en bas âge au vieillard de 45 ans.

Crise de 1929 : il faut écouler les richesses, passer à la société de consommation. Le salarié redécouvre le "temps libre". Puis c'est le message de mai 68 : la valeur "travail" est poignardée sur les barricades. Pour des motifs socioculturels.

La croissance des années 80 permettra un timide retour : ils voulaient bosser à fond, créer des entreprises, devenir des Big Boss : c'était la BOSS GÉNÉRATION. Mais que sont-ils devenus ? Ils voulaient réussir dans la vie. Avant de réussir leur vie. Bingo ! Aujourd'hui, ils font presque tous partie de la PROZAC GÉNÉRATION.

Là-dessus, la crise économique n'a rien arrangé. Pire : une avalanche de périls l'amplifie. Faillites idéologiques, fracture sociale, intégrismes, démission des élites, désertion civique, etc. La liste est longue ! Et les médias font chaque jour leur travail, formidable caisse de résonance. Résultat : partout, le sentiment d'un peuple assiégé. La morosité est chronique, la désillusion générale, le chômage dans tous les esprits. On se terre. On a peur. Pire : certains désespèrent. Serions-nous au bord d'un gouffre ?

On se terre. On a peur. Pire : certains désespèrent. Serions-nous au bord d'un gouffre ?

Prenons un peu de recul : 3, 4 vies humaines, seulement. C'était hier. Depuis 1850, l'espérance de vie est passée de 45 à bientôt 85 ans. Le travail remplissait 70% d'une vie, aujourd'hui 12%. Nous travaillons SIX FOIS MOINS que nos arrières grands-parents[1] . Et ce n'est pas fini : notre société est en train de brader discrètement le travail. Pour des raisons économiques. Et au rythme où vont les choses, l'histoire risque de se répéter très vite et les générations futures s'étonneront peut-être d'apprendre un jour que nous aussi, nous abaissions à travailler.

Le travail est une valeur parmi d'autres. La plupart est en pleine mutation, voire en perdition. Nous vivons une crise autant morale qu'économique. Ça craque de partout. Rien de plus normal à l'échelle de l'histoire humaine. Mais à l'échelle d'une vie humaine, nous pouvons avoir l'impression d'être à bord du Titanic. Coulera, coulera pas ?

Jusqu'au XVIIIe siècle, la morale venait "d'en haut". La société respectait des principes sacrés et intangibles, choisis et dictés par la religion. En bref, les valeurs et les modèles (les saints) étaient en quelque sorte imposés à l'homme de l'extérieur.

Avec la laïcisation progressive de notre société, la plupart de ces obligations austères ont

---

1. 16 heures par jour "debout" font 5.840 h/an. 45 ans d'une vie en 1850 font 262.800 h, dont 40 de travail à 4.500 h/an soit 180.000 h : sur 262.800, on travaillait 70%. En 1997, 5.840 h x 80 = 467.200, dont 38 à 1.500 h/an soit 57.000 : sur 467.200, on travaille 12 %.

été contestées puis dévaluées. Résultat : l'homme se retrouve aujourd'hui libéré d'une soumission béate aux forces intemporelles. Pour la première fois, il a la formidable liberté de choisir seul, à l'intérieur de lui, ses valeurs, sa morale, son mode vie. Et refuser les commandements imposés par l'extérieur. Mais le vide devant lui est vertigineux. Il est libre comme jamais dans son histoire. Mais libre de quoi ? Autour de lui, tout est libre, ouvert, mais sans âme. Sans valeurs ?

Des signes réconfortants apparaissent déjà : ici ou là, des réflexes immunitaires qui traduisent le plébiscite de valeurs fortes comme la justice, l'honnêteté, l'enracinement, la générosité, la loyauté, l'honneur. Des valeurs qui ressortent plus fortes des combats qu'elles viennent de livrer. Exemple : en réflexe au désarroi d'une période sans repères, au futur aléatoire, chacun cherche aujourd'hui un cadre structurant et rassurant dans ses rapports avec son entourage. À introduire pudeur et douceur dans ses rapports humains. À renouer le lien social, à le ritualiser grâce aux bonnes manières, la bienséance, la politesse, la courtoisie. Nous redécouvrons ainsi que les vibrants petits ballets du *"Bonjour madame"*, *"Bonjour monsieur"*, *"Merci monsieur"*, *"Au revoir madame"*, etc. pour acheter son journal sont des petits morceaux de bonheur.

La morale publique d'hier est donc en train de céder le pas à une morale personnelle. Nous sommes encore tous des handicapés moraux, mais quelle avancée ! Même si la victoire n'est pas acquise. La morale qui venait "d'en haut" jadis, est parfois tentée de revenir par nos antennes de TV. Plus globalement, nos personnalités sont mises à rude épreuve par les médias : comment décider par soi-même dans un tel vacarme . Comment faire silence en soi, retrouver sa sagesse profonde, quand leur logique est de nous faire accepter le modèle mondialisé qu'ils diffusent avec insistance et puissance ? Ce modèle valorise l'image, l'instant et l'émotion, aux dépends du sens, de la continuité et de la raison. Difficile de faire mieux pour engluer nos personnalités et désagréger nos structures de base . grandir, apprendre, mériter, s'intégrer par la famille, l'école, etc. demandent du temps et des efforts. Mais les médias n'ont ni le temps (loi du profit) ni intérêt à valoriser l'effort (loi de l'offre) : au bout du "format télé" (en secondes pour une pub, 25' pour un sitcom, 50' pour une série, 90' pour un film), le héros doit avoir gagné, le méchant perdu, les problèmes être résolus. À les croire, pas d'alternative pour nous : pour rester debout, il ne faut pas trop réfléchir (ils le font pour nous) et notre unique salut est dans la frénésie, le *zap*, le *best-of*. Dans le mouvement et la vitesse : comme les toupies. Mais il se pourrait que les révolutions de ces toupies aient des ratés. Avant LA RÉVOLUTION ? Une Révolution du troisième type, intérieure, toute en douceur ?

Possible, car les signes avant-coureurs d'un éloge de la lenteur (voire de la paresse !) se multiplient. D'une recherche prioritaire du sens, et non plus de la performance. D'une recherche de points d'ancrage, d'unité. D'harmonie. La vie n'a d'intérêt que par son sens, le sens qu'on lui trouve ou qu'on lui donne ; or, le sens n'advient que par la lenteur. À quoi bon disposer d'Internet, de quantités surhumaines d'informations, si tout se brouille, se mélange dans la tête ? Il est urgent de réapprendre à faire silence en soi, rester immobile, écouter sa conscience chuchoter, écouter son cœur, retrouver ses marques, ses racines. Prendre le temps. De comprendre, d'assimiler. De redonner à l'argent (trop cher) sa véritable valeur. De retrouver le vrai prix de la vie. La véritable valeur des choses simples, des petits riens qui font toute la différence. Retrouver ces petits trésors ensevelis qui émerveillent la vie. Les seuls capables de la réenchanter. Prendre le temps de laisser sa sensibilité se révéler pleinement. Le temps de flâner, suivre ses intuitions, paresser, jouer. De rêver à une ZENÉRATION DU BONHEUR.

En attendant ce nouvel Âge d'Or (et la retraite à 21 ans ?), je vous propose d'essayer de faire bouger le monde. Même d'un milliardième de millimètre ! C'est si simple. Apprivoisez votre bonheur, émerveillez-vous la vie, voyez-la en rose, enchantez-la : avec cette fraîcheur, cette simplicité retrouvées, vous déroulerez le tapis rose devant vous. Et le bonheur est contagieux : dès ses premiers rayons, votre entourage en profitera. Comme une pluie de pétales de roses. Laissez donc ce livre vous prendre par la main et vous emmener faire un petit tour au bord de vous-même. Exalter le meilleur qui est vous. Ouvrir les portes de votre cœur et les fenêtres de votre âme, laisser s'engouffrer une bonne brassée d'air pur. Réveiller en vous des idées, des sentiments, des sensations, des désirs, qui sommeillaient, juste sur le point d'éclore. Donner corps à ces projets, ces images, auxquels vous pensiez déjà, mais sans les formaliser vraiment.

Bien sûr, vous n'êtes pas d'accord avec l'intégralité des 512 items, et vous auriez envie d'en ajouter, tirés de votre expérience : pourquoi ne pas en faire profiter les autres ? La suite est en préparation, écrivez-moi (D. Glocheux, "La vie en Rose", 50 avenue Foch 75 116 Paris. Là où se dressait jadis le féerique "Palais Rose" : ça ne s'invente pas !).

Pour l'heure, il me reste à vous souhaiter bon voyage. Un merveilleux voyage. Ce n'est pas Disneyland, encore moins un supermarché du bonheur à prix coûtant ou le Marx Donald's d'une philosophie-minute. Mais pour la première fois l'homme est peut-être en train de trouver en lui, les ressources et les réponses aux problèmes qu'il rencontre et se pose depuis qu'il est sur terre : *"Qui suis-je", "D'où viens-je", "Où vais-je ?"*.

"I HAVE A DREAM TODAY" : et si, là où beaucoup ne voient que risque de catastrophe planétaire et pandémie, nous faisions le pari qu'il pourrait s'agir des prémisses d'une renaissance ? Si nous avions au moins la noblesse de favoriser cette métamorphose ?

Pas d'angélisme hâtif et excessif, ceci n'est qu'une vision. Peut-être une voie à suivre. Les philosophes l'ont trop bien montré : *"Qui fait l'ange, fait la bête"*. Mais enfin, il faut avoir compris que Paris est désormais plus près de New York que Saint-Flour, il faut avoir téléphoné au bout du monde pour le prix d'une communication à votre concierge grâce à Internet, pour comprendre que nous sommes probablement à l'aube de la plus formidable transcendance de l'homme : la fusion-réconciliation universelle de toutes les religions, de toutes les philosophies. Merveilleux programme, non ?

Si on décidait de transformer le monde en douceur. Et la vie qui va avec. D'inaugurer une nouvelle façon de vivre, de nouvelles valeurs, des relations plus humaines. Plus grandes, plus fortes, plus belles. Roses comme le bonheur, légères comme les papillons.

Si on décidait d'avoir des papillons roses plein la tête.

Si on choisissait d'être la première GÉNÉRATION PAPILLON.

Vous connaissez peut-être la théorie du chaos déterministe du climatologue Edward Lorenz, médiatisée sous le nom de "l'Effet Papillon" : le battement des ailes d'un papillon au Brésil pourrait déclencher un cyclone à l'autre bout du monde. Alors imaginez l'effet d'une myriade. De dix, cent, mille, de milliers de papillons ! Roses. Tous, roses ...

Je vous souhaite bon vent, joli papillon. Et surtout, vivez bien ...

Dominique Glocheux ☜☜

Impression Bussière, mars 2006
Editions Albin Michel
22, rue Huyghens, 75014 Paris
www.albin-michel.fr
ISBN 2-226-09023-1
N° d'édition : 24328. – N° d'impression : 060697/4.
Dépôt légal : avril 1997.
Imprimé en France.